Libro para Colorear sobre
El Santo Rosario

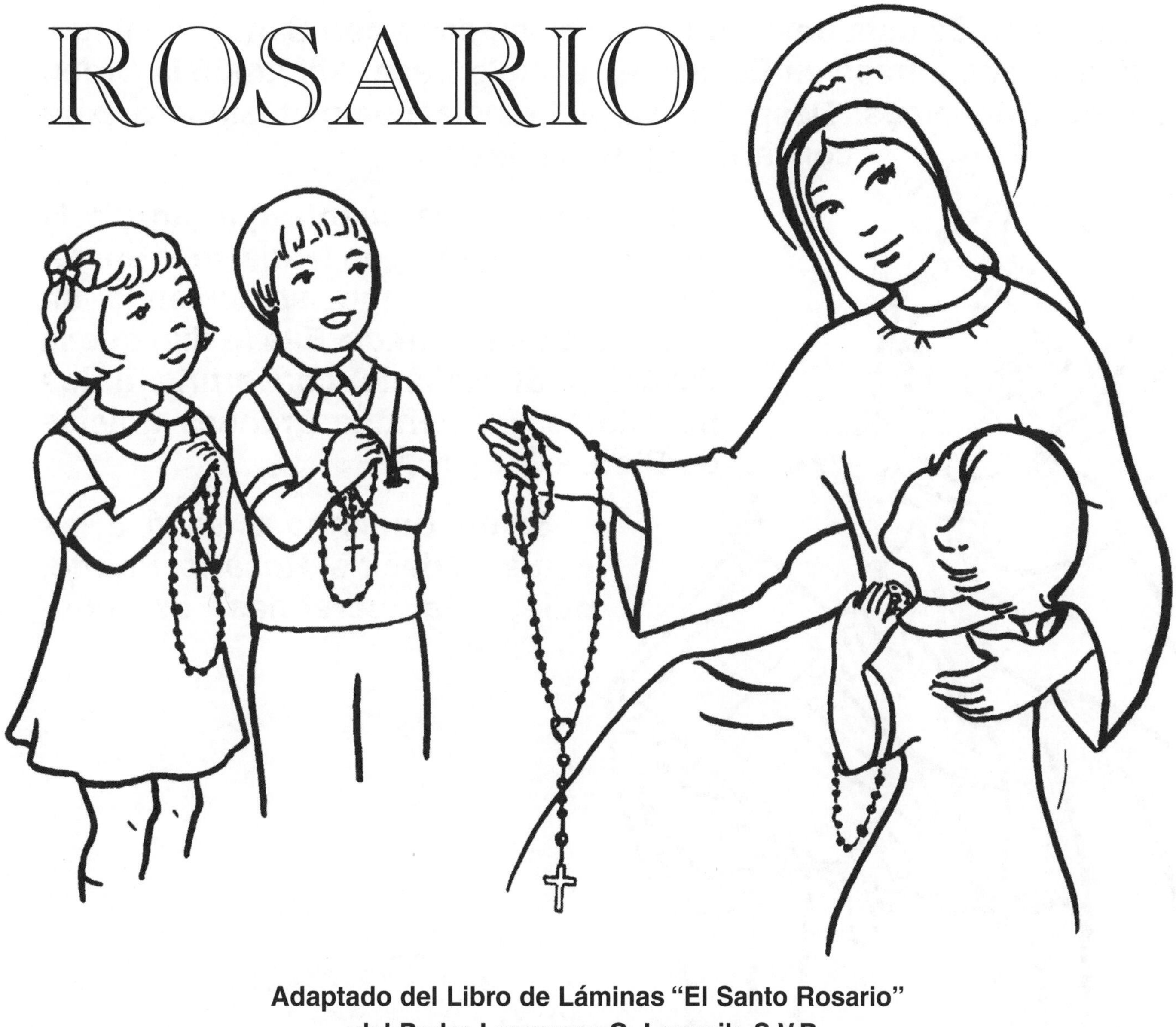

Adaptado del Libro de Láminas "El Santo Rosario"
del Padre Lawrence G. Lovasik, S.V.D.
e ilustrado por
Emma C. McKean

CATHOLIC BOOK PUBLISHING CORP.
Nueva Jersey

LA HISTORIA DEL SANTO ROSARIO

LA devoción por el Santo Rosario ha sido atesorada en la Iglesia durante muchos siglos. Es un resumen de la Fe Cristiana en un lenguaje y oraciones inspiradas por la Biblia.

SANTO DOMINGO

El origen de esta devoción está relacionado con Santo Domingo, quien se encontraba en España en el siglo trece. Allí fundó la Orden de los Dominicos. Después fue a Francia como misionero para convertir algunos pueblos.

La leyenda nos cuenta que un día la Bienaventurada Virgen María se le apareció a Santo Domingo, sosteniendo un Rosario en sus manos. Ella le dijo que la devoción al Rosario convertiría a los pecadores y obtendría grandes gracias de Dios.

Santo Domingo enseñó a las gentes a decir el Rosario. Pronto, miles de personas se convirtieron.

Printed in / Impreso en China.
ISBN 978-0-89942-668-6
CPSIA September / septiembre 2024 10 9 8 7 6 5 4 3 2 L/P

(T-671/S)

NIHIL OBSTAT: Terrence J. Moran, C.SS.R., *Censor Librorum*
IMPRIMATUR: ✠ Frank J. Rodimer, J.C.D.
Obispo de Paterson

María, nuestra Bienaventurada Madre le dijo a Santo Domingo: "Este Rosario es el preciado don que yo te dejo."

NUESTRA SEÑORA DE LOURDES

En 1858, la Bienaventurada Virgen María se le apareció dieciocho veces a Santa Bernardita, una niña campesina, en Lourdes, en Francia.

Nuestra Bienaventurada Madre estaba vestida en blanco y azul y en cada uno de sus pies había una rosa dorada. Un Rosario blanco con una cruz de oro colgaba de su mano derecha.

La hermosa Dama se unió a Bernardita diciendo el Rosario. Ella le pidió a su amiguita que le dijera a todos que hicieran penitencia por sus pecados y que oraran. Un día Bernardita le preguntó, "Señora, sería tan amable de decirme quién es usted?" La Dama le respondió, "Yo soy la Inmaculada Concepción."

Todavía tienen lugar muchos milagros en Lourdes donde la gente acude para decir el Rosario y obtener la ayuda de la Santísima Virgen.

EL día 13 de mayo de 1917, la Santísima Virgen se apareció a tres pequeños pastorcitos en Fátima, Portugal. Sus nombres eran Lucía, Jacinta y Francisco. La hermosa Dama estaba vestida de blanco y se les apareció de pie sobre una brillante nube.

EL 13 de octubre de 1917, la Bendita Virgen María se volvió a aparecer a los niños de Fátima. Ella les dijo, "Yo soy la Virgen del Rosario. He venido para advertir a los fieles que corrijan sus vidas y pidan perdón por sus pecados. La gente no debe continuar ofendiendo al Señor, que ya está tan ofendido. Ellos deben rezar el Rosario."

Nuestra Santísima Madre desea que todos sus hijos recen el Rosario.

(Usa este libro para aprender a decirlo.)

Colorea las láminas con mucho cuidado mientras piensas acerca de Nuestro Salvador y de Su Santísima Madre, la Virgen María.

EL SANTO ROSARIO

EL Rosario nos recuerda los hechos más importantes en las vidas de Jesús y María. A estos hechos se les llama Misterios y están divididos en cuatro grupos:

Los Cinco Misterios
Gozosos

Los Cinco Misterios
Dolorosos

Los Cinco Misterios
Gloriosos

Los Cinco Misterios
Luminosos

(Busca las Oraciones del Rosario en las páginas 30 y 31.)

COMO REZAR EL ROSARIO

1. Comenzar por el crucifijo y decir el Credo de los Apóstoles.
2. En la 1ra cuenta decir un Padre Nuestro.
3. Después, decir un Ave María en cada una de las tres cuentas siguientes.
4. A continuación decir un Gloria al Padre. Anunciar y meditar sobre este Primer Misterio y decir un Padre Nuestro.
5. Decir 10 Ave Marías y 1 Gloria al Padre.
6. Anunciar el Segundo Misterio y continuar de esta manera hasta terminar los cinco Misterios del grupo o década que se haya escogido.

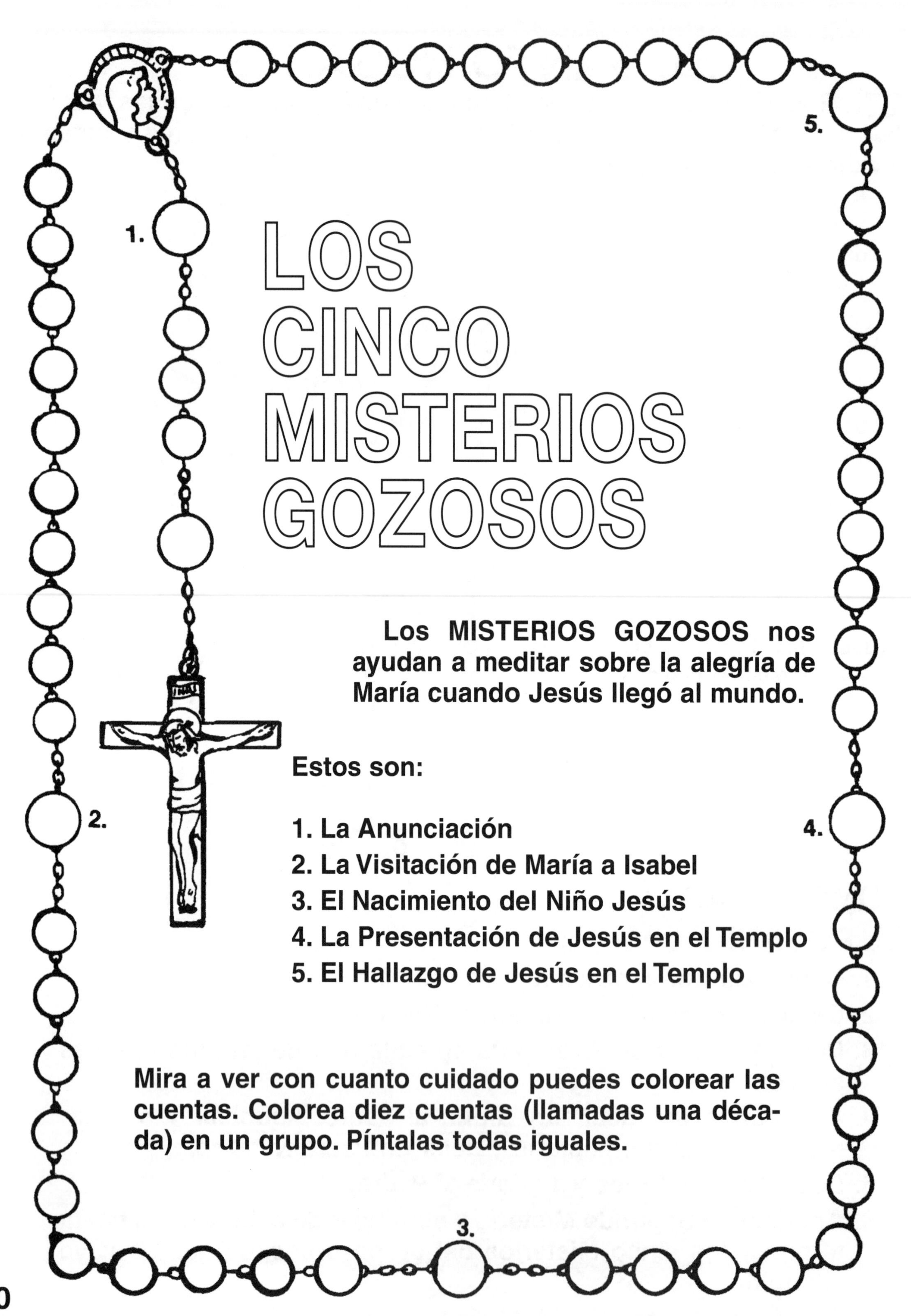

LOS CINCO MISTERIOS GOZOSOS

Los MISTERIOS GOZOSOS nos ayudan a meditar sobre la alegría de María cuando Jesús llegó al mundo.

Estos son:

1. **La Anunciación**
2. **La Visitación de María a Isabel**
3. **El Nacimiento del Niño Jesús**
4. **La Presentación de Jesús en el Templo**
5. **El Hallazgo de Jesús en el Templo**

Mira a ver con cuanto cuidado puedes colorear las cuentas. Colorea diez cuentas (llamadas una década) en un grupo. Píntalas todas iguales.

1er MISTERIO GOZOSO

LA ANUNCIACION

El Angel anunció que la Bienaventurada Virgen María sería la Madre de Jesús, Hijo de Dios.

2º MISTERIO GOZOSO

LA VISITACION DE MARIA A ISABEL

María, visitando a su prima Isabel antes del nacimiento de San Juan.

3er MISTERIO GOZOSO

EL NACIMIENTO DEL NIÑO JESUS

Jesús nació en Belén hace más de 2000 años.

4º MISTERIO GOZOSO

LA PRESENTACION DE JESUS EN EL TEMPLO

María trajo al Niño al Templo en Jerusalén cuarenta días después de Su nacimiento.

5º MISTERIO GOZOSO

EL HALLAZGO DE JESUS EN EL TEMPLO

El Niño Jesús estaba enseñando en el Templo.

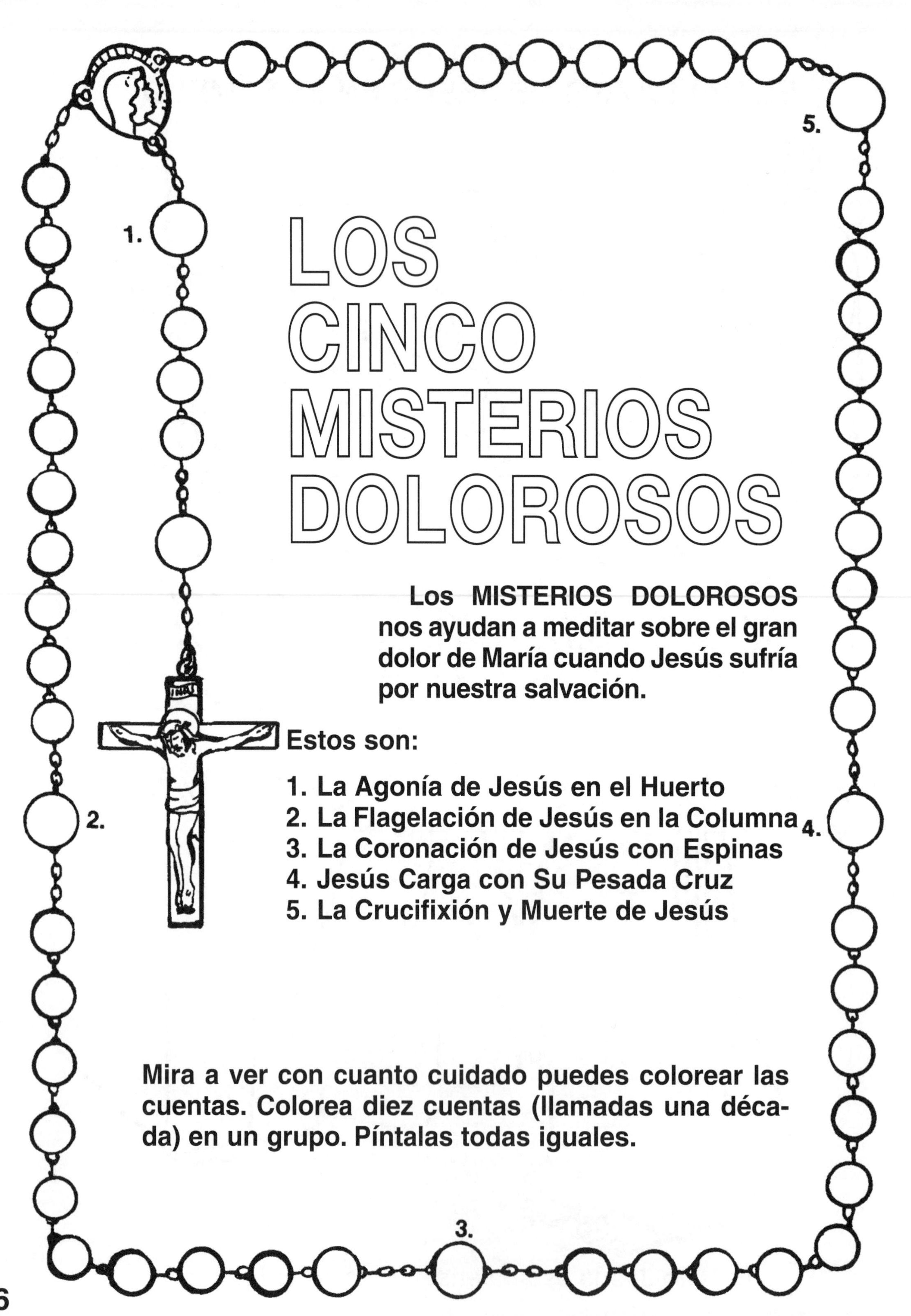

LOS CINCO MISTERIOS DOLOROSOS

Los **MISTERIOS DOLOROSOS** nos ayudan a meditar sobre el gran dolor de María cuando Jesús sufría por nuestra salvación.

Estos son:

1. La Agonía de Jesús en el Huerto
2. La Flagelación de Jesús en la Columna
3. La Coronación de Jesús con Espinas
4. Jesús Carga con Su Pesada Cruz
5. La Crucifixión y Muerte de Jesús

Mira a ver con cuanto cuidado puedes colorear las cuentas. Colorea diez cuentas (llamadas una década) en un grupo. Píntalas todas iguales.

1er MISTERIO DOLOROSO

LA AGONIA DE JESUS EN EL HUERTO

Jesús estaba entristecido al ver nuestros pecados.

2º MISTERIO DOLOROSO

LA FLAGELACION DE JESUS EN LA COLUMNA

Hombres crueles flagelaron a Nuestro Señor y Salvador.

3er MISTERIO DOLOROSO

LA CORONACION DE JESUS CON ESPINAS

Ellos pusieron una corona de espinas en la Cabeza de Jesús.

4º MISTERIO DOLOROSO

JESUS CARGA CON SU PESADA CRUZ

Jesús tuvo que llevar la cruz hasta el monte Calvario.

5º MISTERIO DOLOROSO

LA CRUCIFIXION Y MUERTE DE JESUS

Jesús murió el Viernes Santo.

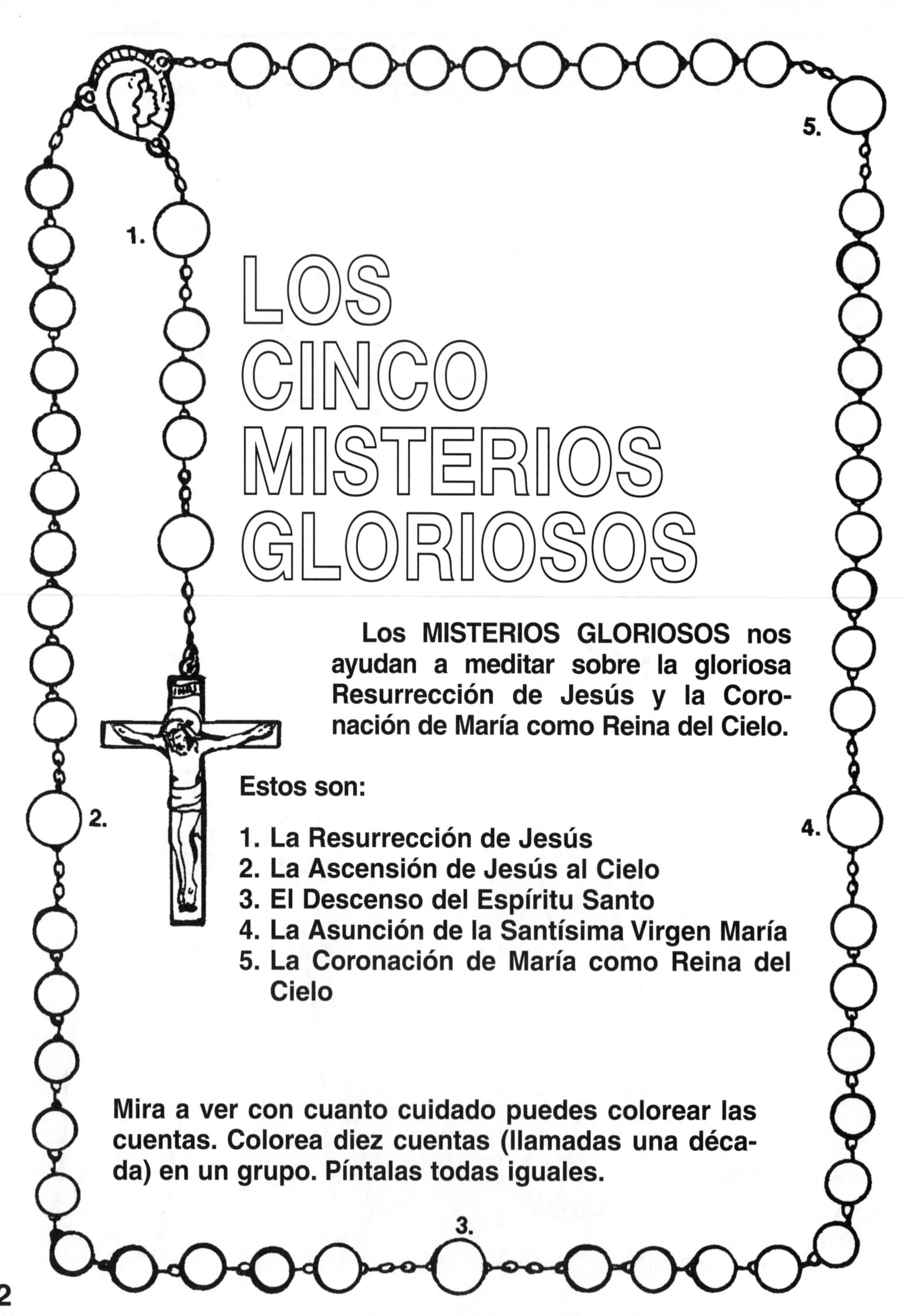

LOS CINCO MISTERIOS GLORIOSOS

Los MISTERIOS GLORIOSOS nos ayudan a meditar sobre la gloriosa Resurrección de Jesús y la Coronación de María como Reina del Cielo.

Estos son:

1. **La Resurrección de Jesús**
2. **La Ascensión de Jesús al Cielo**
3. **El Descenso del Espíritu Santo**
4. **La Asunción de la Santísima Virgen María**
5. **La Coronación de María como Reina del Cielo**

Mira a ver con cuanto cuidado puedes colorear las cuentas. Colorea diez cuentas (llamadas una década) en un grupo. Píntalas todas iguales.

1er MISTERIO GLORIOSO

LA RESURRECCION DE JESUS

Jesús resucitó de entre los muertos al cabo de tres días.

2º MISTERIO GLORIOSO

LA ASCENSION DE JESUS AL CIELO

Después de pasar otros 40 días en la tierra Jesús ascendió al cielo.

3er MISTERIO GLORIOSO

EL DESCENSO DEL ESPIRITU SANTO

Jesús envió
al Espíritu Santo.

4º MISTERIO GLORIOSO

LA ASUNCION DE LA SANTISIMA VIRGEN MARIA

La Santísima Virgen María fue llevada al cielo.

5º MISTERIO GLORIOSO

LA CORONACION DE MARIA COMO REINA DEL CIELO

Jesús colocó una corona a Su Madre María.

LOS CINCO MISTERIOS LUMINOSOS

Los MISTERIOS LUMINOSOS nos ayudan a meditar sobre María como la primera creyente cuando Jesús proclamó el Reino de Dios durante Su Vida Pública.

Estos son:

1. **El Bautismo de Jesús en el Jordan**
2. **La Autorrevelación de Jesús en Cana**
3. **La Proclamación del Reino de Dios**
4. **La Transfiguración de Jesús**
5. **La Institución de la Eucaristía**

En el 16 de Octubre, 2002, el Papa Juan Pablo II sugeró estos cinco nueves Misterios, tomados de la Vida Pública de Jesús, que pueden complementar la contemplación sobre los tradicionales Misterios Gozosos, Dolorosos y Gloriosos del Rosario. Estos son llamados los Misterios Luminosos o Misterios de Luz.

Permanecemos cerca de la Santísima Virgen María cuando rezamos el Rosario.

LAS ORACIONES DEL ROSARIO

LA SEÑAL DE LA CRUZ

En el nombre del Padre,
y del Hijo,
y del Espíritu Santo. Amén.

EL CREDO DE LOS APOSTOLES

CREO EN DIOS, Padre Todopoderoso,
Creador del cielo y de la tierra.
CREO EN JESUCRISTO,
su único hijo, nuestro Señor,
que fue concebido por obra y gracia del Espíritu Santo,
nació de Santa María Virgen,
padeció bajo el poder de Poncio Pilato,
fue crucificado, muerto y sepultado,
descendió a los infiernos,
al tercer día resucitó de entre los muertos,
subió a los cielos,
y está sentado a la derecha de Dios,
Padre Todopoderoso.
Desde allí ha de venir a juzgar
a vivos y muertos.
CREO EN EL ESPIRITU SANTO,
la Santa Iglesia Católica,
la comunión de los Santos,
el perdón de los pecados,
la resurrección de la carne
y la vida eterna. Amén.

EL PADRE NUESTRO

Padre nuestro,
que estás en el cielo,
santificado sea tu Nombre;
Venga a nosotros tu reino;
hágase tu voluntad en la tierra como en el cielo.
Danos hoy nuestro pan de cada día;
perdona nuestras ofensas,
como también nosotros perdonamos
a los que nos ofenden;
no nos dejes caer en la tentación,
y líbranos del mal. Amén.

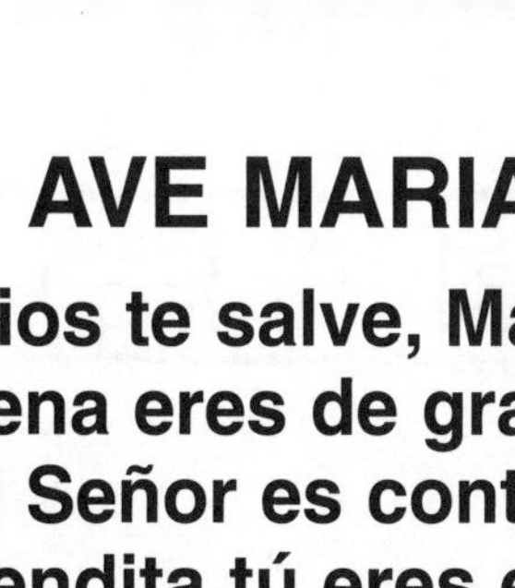

AVE MARIA

Dios te salve, María,
llena eres de gracia;
el Señor es contigo;
bendita tú eres entre
todas las mujeres,
y bendito es el fruto
de tu vientre, Jesús.
Santa María, Madre de Dios,
ruega por nosotros pecadores,
ahora y en la hora de nuestra
muerte.
Amén.

GLORIA AL PADRE

Gloria al Padre,
y al Hijo,
y al Espíritu Santo.
Como era al principio,
ahora, y siempre,
por los siglos de
los siglos. Amén.

Cuando decimos el Rosario, aprendemos sobre Jesús.

ESTE LIBRO
PERTENECE A